TRANZLATY

La Langue est pour tout le Monde

Dil herkes içindir

La Belle et la Bête

Güzel ve Çirkin

Gabrielle-Suzanne Barbot de Villeneuve

Français / Türkçe

Copyright © 2025 Tranzlaty
All rights reserved
Published by Tranzlaty
ISBN: 978-1-80572-065-2
Original text by Gabrielle-Suzanne Barbot de Villeneuve
La Belle et la Bête
First published in French in 1740
Taken from The Blue Fairy Book (Andrew Lang)
Illustration by Walter Crane
www.tranzlaty.com

Il était une fois un riche marchand
Bir zamanlar zengin bir tüccar varmış
ce riche marchand avait six enfants
Bu zengin tüccarın altı çocuğu vardı
il avait trois fils et trois filles
üç oğlu ve üç kızı vardı
il n'a épargné aucun coût pour leur éducation
onların eğitimi için hiçbir masraftan kaçınmadı
parce qu'il était un homme sensé
çünkü o mantıklı bir adamdı
mais il a donné à ses enfants de nombreux serviteurs
ama çocuklarına birçok hizmetçi verdi
ses filles étaient extrêmement jolies
kızları son derece güzeldi
et sa plus jeune fille était particulièrement jolie
ve en küçük kızı özellikle güzeldi
Déjà enfant, sa beauté était admirée
çocukluğundan beri güzelliği hayranlık uyandırıyordu
et les gens l'appelaient à cause de sa beauté
ve insanlar onu güzelliğiyle çağırıyordu
sa beauté ne s'est pas estompée avec l'âge
Yaşlandıkça güzelliği solmadı
alors les gens ont continué à l'appeler par sa beauté
bu yüzden insanlar ona güzelliğiyle seslenmeye devam ettiler
cela a rendu ses sœurs très jalouses
bu kız kardeşlerini çok kıskandırdı
les deux filles aînées avaient beaucoup de fierté
en büyük iki kız çok gururluydu
leur richesse était la source de leur fierté
zenginlikleri gururlarının kaynağıydı
et ils n'ont pas caché leur fierté non plus
ve gururlarını da gizlemediler
ils n'ont pas rendu visite aux filles d'autres marchands
diğer tüccarların kızlarını ziyaret etmediler
parce qu'ils ne rencontrent que l'aristocratie
çünkü onlar sadece aristokrasiyle buluşuyorlar

ils sortaient tous les jours pour faire la fête
her gün partilere gidiyorlardı
bals, pièces de théâtre, concerts, etc.
balolar, oyunlar, konserler vb.
et ils se moquèrent de leur plus jeune sœur
ve en küçük kız kardeşlerine güldüler
parce qu'elle passait la plupart de son temps à lire
çünkü zamanının çoğunu okuyarak geçiriyordu
il était bien connu qu'ils étaient riches
zengin oldukları biliniyordu
alors plusieurs marchands éminents ont demandé leur main
Böylece birkaç seçkin tüccar onların elini istedi
mais ils ont dit qu'ils n'allaient pas se marier
ama evlenmeyeceklerini söylediler
mais ils étaient prêts à faire quelques exceptions
ancak bazı istisnalar yapmaya hazırdılar
« Peut-être que je pourrais épouser un duc »
"belki bir Dük ile evlenebilirim"
« Je suppose que je pourrais épouser un comte »
"Sanırım bir Kontla evlenebilirim"
Belle a remercié très civilement ceux qui lui ont proposé
güzellik kendisine evlenme teklif edenlere çok medeni bir şekilde teşekkür etti
elle leur a dit qu'elle était encore trop jeune pour se marier
onlara evlenmek için hala çok genç olduğunu söyledi
elle voulait rester quelques années de plus avec son père
Babasıyla birkaç yıl daha kalmak istiyordu
Tout d'un coup, le marchand a perdu sa fortune
Tüccar birdenbire servetini kaybetti
il a tout perdu sauf une petite maison de campagne
küçük bir kır evi dışında her şeyini kaybetti
et il dit à ses enfants, les larmes aux yeux :
ve çocuklarına gözyaşları içinde şöyle dedi:
« il faut aller à la campagne »
"Kırsal alana gitmeliyiz"
« et nous devons travailler pour gagner notre vie »

"ve geçimimizi sağlamak için çalışmalıyız"
les deux filles aînées ne voulaient pas quitter la ville
iki büyük kız kasabadan ayrılmak istemiyordu
ils avaient plusieurs amants dans la ville
şehirde birkaç sevgilileri vardı
et ils étaient sûrs que l'un de leurs amants les épouserait
ve sevgililerinden birinin onlarla evleneceğinden emindiler
ils pensaient que leurs amants les épouseraient même sans fortune
Hiçbir servetleri olmasa bile sevgililerinin kendileriyle evleneceğini düşünüyorlardı
mais les bonnes dames se sont trompées
ama iyi hanımlar yanılmıştı
leurs amants les ont abandonnés très vite
sevgilileri onları çok çabuk terk etti
parce qu'ils n'avaient plus de fortune
çünkü artık servetleri kalmamıştı
cela a montré qu'ils n'étaient pas vraiment appréciés
bu aslında pek sevilmediklerini gösterdi
tout le monde a dit qu'ils ne méritaient pas d'être plaints
herkes acınmayı hak etmediğini söyledi
« Nous sommes heureux de voir leur fierté humiliée »
"gururlarının kırıldığını görmekten mutluluk duyuyoruz"
« Qu'ils soient fiers de traire les vaches »
"İnek sağmaktan gurur duysunlar"
mais ils étaient préoccupés par Belle
ama onlar güzellikle ilgileniyorlardı
elle était une créature si douce
o çok tatlı bir yaratıktı
elle parlait si gentiment aux pauvres
o fakir insanlara çok nazik konuşuyordu
et elle était d'une nature si innocente
ve o kadar masum bir yapıya sahipti ki
Plusieurs messieurs l'auraient épousée
Birkaç beyefendi onunla evlenebilirdi
ils l'auraient épousée même si elle était pauvre

fakir olmasına rağmen onunla evlenirlerdi
mais elle leur a dit qu'elle ne pouvait pas les épouser
ama onlara evlenemeyeceğini söyledi
parce qu'elle ne voulait pas quitter son père
çünkü babasını terk etmeyecekti
elle était déterminée à l'accompagner à la campagne
onunla kırsala gitmeye kararlıydı
afin qu'elle puisse le réconforter et l'aider
böylece onu rahatlatabilir ve ona yardım edebilirdi
pauvre Belle était très affligée au début
Zavallı güzellik ilk başta çok üzüldü
elle était attristée par la perte de sa fortune
servetini kaybetmenin acısını yaşıyordu
"**Mais pleurer ne changera pas mon destin**"
"ama ağlamak benim kaderimi değiştirmeyecek"
« **Je dois essayer de me rendre heureux sans richesse** »
"Zenginlik olmadan kendimi mutlu etmeye çalışmalıyım"
ils sont venus dans leur maison de campagne
kır evlerine geldiler
et le marchand et ses trois fils s'appliquèrent à l'agriculture
ve tüccar ve üç oğlu kendilerini çiftçiliğe adadılar
Belle s'est levée à quatre heures du matin
güzellik sabahın dördünde yükseldi
et elle s'est dépêchée de nettoyer la maison
ve evi temizlemek için acele etti
et elle s'est assurée que le dîner était prêt
ve akşam yemeğinin hazır olduğundan emin oldu
au début, elle a trouvé sa nouvelle vie très difficile
Başlangıçta yeni hayatının çok zor olduğunu gördü
parce qu'elle n'était pas habituée à un tel travail
çünkü o böyle bir işe alışkın değildi
mais en moins de deux mois elle est devenue plus forte
ama iki aydan kısa bir sürede daha da güçlendi
et elle était en meilleure santé que jamais auparavant
ve her zamankinden daha sağlıklıydı
après avoir fait son travail, elle a lu

işini bitirdikten sonra okudu
elle jouait du clavecin
klavsen çaldı
ou elle chantait en filant de la soie
veya ipek eğirirken şarkı söyledi
au contraire, ses deux sœurs ne savaient pas comment passer leur temps
tam tersine, iki kız kardeşi zamanlarını nasıl geçireceklerini bilmiyorlardı
ils se sont levés à dix heures et n'ont rien fait d'autre que paresser toute la journée
saat onda kalktılar ve bütün gün tembellik etmekten başka bir şey yapmadılar
ils ont déploré la perte de leurs beaux vêtements
güzel giysilerini kaybettikleri için ağıt yaktılar
et ils se sont plaints d'avoir perdu leurs connaissances
ve tanıdıklarını kaybettiklerinden şikayet ettiler
« Regardez notre plus jeune sœur », se dirent-ils.
"En küçük kız kardeşimize bir bakın" dediler birbirlerine
"Quelle pauvre et stupide créature elle est"
"Ne kadar zavallı ve aptal bir yaratık o"
"C'est mesquin de se contenter de si peu"
"Bu kadar az şeyle yetinmek ayıptır"
le gentil marchand était d'un avis tout à fait différent
nazik tüccar oldukça farklı bir görüşe sahipti
il savait très bien que Belle éclipsait ses sœurs
güzelliğin kız kardeşlerini gölgede bıraktığını çok iyi biliyordu
elle les a surpassés en caractère ainsi qu'en esprit
hem karakter hem de zihin olarak onlardan daha iyiydi
il admirait son humilité et son travail acharné
onun alçakgönüllülüğüne ve çalışkanlığına hayrandı
mais il admirait surtout sa patience
ama en çok da onun sabrına hayrandı
ses sœurs lui ont laissé tout le travail à faire
kız kardeşleri ona yapması gereken tüm işleri bıraktı

et ils l'insultaient à chaque instant
ve her an ona hakaret ettiler
La famille vivait ainsi depuis environ un an.
Aile yaklaşık bir yıldır bu şekilde yaşıyordu
puis le commerçant a reçu une lettre d'un comptable
sonra tüccar bir muhasebeciden bir mektup aldı
il avait un investissement dans un navire
bir gemiye yatırımı vardı
et le navire était arrivé sain et sauf
ve gemi güvenli bir şekilde ulaştı
Cette nouvelle a fait tourner les têtes des deux filles aînées
Bu haber iki büyük kızın başını döndürdü
ils ont immédiatement eu l'espoir de revenir en ville
hemen şehre dönmeyi umut ettiler
parce qu'ils étaient assez fatigués de la vie à la campagne
çünkü kırsal yaşamdan oldukça yorgundular
ils sont allés vers leur père alors qu'il partait
babaları ayrılırken yanına gittiler
ils l'ont supplié de leur acheter de nouveaux vêtements
ondan kendilerine yeni kıyafetler almasını rica ettiler
des robes, des rubans et toutes sortes de petites choses
elbiseler, kurdeleler ve her türlü küçük şeyler
mais Belle n'a rien demandé
ama güzellik hiçbir şey istemedi
parce qu'elle pensait que l'argent ne serait pas suffisant
çünkü paranın yeterli olmayacağını düşünüyordu
il n'y aurait pas assez pour acheter tout ce que ses sœurs voulaient
kız kardeşlerinin istediği her şeyi satın almaya yetecek kadar para olmayacaktı
"Que veux-tu, ma belle ?" demanda son père
"Ne istersin güzelim?" diye sordu babası.
« Merci, père, pour la bonté de penser à moi », dit-elle
"Teşekkür ederim baba, beni düşündüğün için" dedi
« Père, ayez la gentillesse de m'apporter une rose »
"Baba, lütfen bana bir gül getir"

"parce qu'aucune rose ne pousse ici dans le jardin"
"çünkü burada bahçede gül yetişmiyor"
"et les roses sont une sorte de rareté"
"ve güller bir tür nadirliktir"
Belle ne se souciait pas vraiment des roses
güzellik gülleri pek umursamadı
elle a juste demandé quelque chose pour ne pas condamner ses sœurs
o sadece kız kardeşlerini kınamak için değil bir şey istedi
mais ses sœurs pensaient qu'elle avait demandé des roses pour d'autres raisons
ama kız kardeşleri onun gülleri başka sebeplerden dolayı istediğini düşündüler
"Elle l'a fait juste pour avoir l'air particulière"
"sadece özel görünmek için yaptı"
L'homme gentil est parti en voyage
İyi adam yolculuğuna devam etti
mais quand il est arrivé, ils se sont disputés à propos de la marchandise
ama o geldiğinde mallar hakkında tartıştılar
et après beaucoup d'ennuis, il est revenu aussi pauvre qu'avant
ve bir sürü sıkıntıdan sonra eskisi kadar fakir bir şekilde geri döndü
il était à quelques heures de sa propre maison
kendi evine birkaç saat uzaklıktaydı
et il imaginait déjà la joie de revoir ses enfants
ve çocuklarını görmenin sevincini çoktan hayal etmişti
mais en traversant la forêt, il s'est perdu
ama ormandan geçerken kayboldu
il a plu et neigé terriblement
korkunç yağmur ve kar yağdı
le vent était si fort qu'il l'a fait tomber de son cheval
rüzgar o kadar kuvvetliydi ki onu atından düşürdü
et la nuit arrivait rapidement
ve gece hızla yaklaşıyordu

il a commencé à penser qu'il pourrait mourir de faim
Açlıktan ölebileceğini düşünmeye başladı
et il pensait qu'il pourrait mourir de froid
ve donarak ölebileceğini düşündü
et il pensait que les loups pourraient le manger
ve kurtların onu yiyebileceğini düşündü
les loups qu'il entendait hurler tout autour de lui
etrafında uluyan kurtları duydu
mais tout à coup il a vu une lumière
ama aniden bir ışık gördü
il a vu la lumière au loin à travers les arbres
ağaçların arasından uzaktan ışığı gördü
quand il s'est approché, il a vu que la lumière était un palais
Yaklaştığında ışığın bir saray olduğunu gördü
le palais était illuminé de haut en bas
saray tepeden tırnağa aydınlatılmıştı
le marchand a remercié Dieu pour sa chance
Tüccar şansı için Tanrı'ya şükretti
et il se précipita vers le palais
ve saraya doğru acele etti
mais il fut surpris de ne voir personne dans le palais
ama sarayda hiç kimseyi göremeyince şaşırdı
la cour était complètement vide
avlu tamamen boştu
et il n'y avait aucun signe de vie nulle part
ve hiçbir yerde yaşam belirtisi yoktu
son cheval le suivit dans le palais
atı onu saraya kadar takip etti
et puis son cheval a trouvé une grande écurie
ve sonra atı büyük bir ahır buldu
le pauvre animal était presque affamé
zavallı hayvan neredeyse açlıktan ölüyordu
alors son cheval est allé chercher du foin et de l'avoine
böylece atı saman ve yulaf bulmak için içeri girdi
Heureusement, il a trouvé beaucoup à manger
Neyse ki yiyecek bol miktarda buldu

et le marchand attacha son cheval à la mangeoire
ve tüccar atını yemliğe bağladı
En marchant vers la maison, il n'a vu personne
yürürken kimseyi göremedi
mais dans une grande salle il trouva un bon feu
ama büyük bir salonda iyi bir ateş buldu
et il a trouvé une table dressée pour une personne
ve bir kişilik bir masa buldu
il était mouillé par la pluie et la neige
yağmurdan ve kardan ıslanmıştı
alors il s'est approché du feu pour se sécher
bu yüzden kendini kurutmak için ateşin yanına gitti
« J'espère que le maître de maison m'excusera »
"Evin efendisinin beni mazur görmesini umuyorum"
« Je suppose qu'il ne faudra pas longtemps pour que quelqu'un apparaisse »
"Sanırım birinin ortaya çıkması uzun sürmeyecek"
Il a attendu un temps considérable
Uzun bir süre bekledi
il a attendu jusqu'à ce que onze heures sonnent, et toujours personne n'est venu
saat on bire kadar bekledi ve hala kimse gelmedi
enfin, il avait tellement faim qu'il ne pouvait plus attendre
sonunda o kadar acıktı ki artık bekleyemedi
il a pris du poulet et l'a mangé en deux bouchées
biraz tavuk aldı ve iki lokmada yedi
il tremblait en mangeant la nourriture
yemeği yerken titriyordu
après cela, il a bu quelques verres de vin
bundan sonra birkaç kadeh şarap içti
devenant plus courageux, il sortit du hall
daha da cesaretlenerek salondan çıktı
et il traversa plusieurs grandes salles
ve birkaç büyük salondan geçti
il a traversé le palais jusqu'à ce qu'il arrive dans une chambre

sarayın içinden geçerek bir odaya geldi
une chambre qui contenait un très bon lit
İçinde çok iyi bir yatak bulunan bir oda
il était très fatigué par son épreuve
yaşadığı çileden dolayı çok yorgundu
et il était déjà minuit passé
ve zaman gece yarısını çoktan geçmişti
alors il a décidé qu'il était préférable de fermer la porte
bu yüzden kapıyı kapatmanın en iyisi olduğuna karar verdi
et il a conclu qu'il devrait aller se coucher
ve yatağa gitmesi gerektiği sonucuna vardı
Il était dix heures du matin lorsque le marchand s'est réveillé
Tüccar uyandığında saat sabahın onuydu
au moment où il allait se lever, il vit quelque chose
Tam ayağa kalkacakken bir şey gördü
il a été étonné de voir un ensemble de vêtements propres
temiz bir elbise takımı görünce şaşkına döndü
à l'endroit où il avait laissé ses vêtements sales
Kirli giysilerini bıraktığı yerde
"ce palais appartient certainement à une sorte de fée"
"Elbette bu saray bir periye ait"
" une fée qui m'a vu et qui a eu pitié de moi"
" beni görüp acıyan bir peri"
il a regardé à travers une fenêtre
Bir pencereden baktı
mais au lieu de neige, il vit le jardin le plus charmant
ama kar yerine en güzel bahçeyi gördü
et dans le jardin il y avait les plus belles roses
ve bahçede en güzel güller vardı
il est ensuite retourné dans la grande salle
sonra büyük salona geri döndü
la salle où il avait mangé de la soupe la veille
önceki gece çorba içtiği salon
et il a trouvé du chocolat sur une petite table
ve küçük bir masanın üzerinde biraz çikolata buldu

« Merci, bonne Madame la Fée », dit-il à voix haute.
"Teşekkür ederim, iyi Peri Hanım," dedi yüksek sesle
"Merci d'être si attentionné"
"bu kadar ilgili olduğunuz için teşekkür ederim"
« Je vous suis extrêmement reconnaissant pour toutes vos faveurs »
"Bütün iyilikleriniz için size çok minnettarım"
l'homme gentil a bu son chocolat
iyi adam çikolatasını içti
et puis il est allé chercher son cheval
ve sonra atını aramaya gitti
mais dans le jardin il se souvint de la demande de Belle
ama bahçede güzelliğin isteğini hatırladı
et il coupa une branche de roses
ve bir gül dalını kesti
immédiatement il entendit un grand bruit
hemen büyük bir gürültü duydu
et il vit une bête terriblement effrayante
ve korkunç derecede korkunç bir canavar gördü
il était tellement effrayé qu'il était sur le point de s'évanouir
o kadar korkmuştu ki bayılmak üzereydi
« Tu es bien ingrat », lui dit la bête.
"Sen çok nankörsün" dedi canavar ona
et la bête parla d'une voix terrible
ve canavar korkunç bir sesle konuştu
« Je t'ai sauvé la vie en te laissant entrer dans mon château »
"Seni kaleme alarak hayatını kurtardım"
"et pour ça tu me voles mes roses en retour ?"
"ve bunun karşılığında güllerimi mi çalıyorsun?"
« Les roses que j'apprécie plus que tout »
"Her şeyden çok değer verdiğim güller"
"mais tu mourras pour ce que tu as fait"
"ama yaptığın şey yüzünden öleceksin"
« Je ne vous donne qu'un quart d'heure pour vous préparer »
"Size hazırlanmanız için sadece çeyrek saat veriyorum"
« Préparez-vous à la mort et dites vos prières »

"Ölüme hazırlanın ve dualarınızı edin"
le marchand tomba à genoux
tüccar dizlerinin üzerine çöktü
et il leva ses deux mains
ve iki elini de kaldırdı
« Monseigneur, je vous supplie de me pardonner »
"Efendim, yalvarıyorum beni bağışlayın"
« Je n'avais aucune intention de t'offenser »
"Seni gücendirmek gibi bir niyetim yoktu"
« J'ai cueilli une rose pour une de mes filles »
"Kızlarımdan biri için bir gül topladım"
"elle m'a demandé de lui apporter une rose"
"Bana bir gül getirmemi istedi"
« Je ne suis pas ton seigneur, mais je suis une bête »,
répondit le monstre
"Ben sizin efendiniz değilim, ama bir canavarım" diye cevapladı canavar
« Je n'aime pas les compliments »
"İltifatları sevmiyorum"
« J'aime les gens qui parlent comme ils pensent »
"Düşündüğü gibi konuşan insanları severim"
« N'imaginez pas que je puisse être ému par la flatterie »
"Dalkavuklukla etkilenebileceğimi sanmıyorum"
« Mais tu dis que tu as des filles »
"Ama kızların olduğunu söylüyorsun"
"Je te pardonnerai à une condition"
"Seni bir şartla affederim"
« L'une de vos filles doit venir volontairement à mon palais »
"Kızlarınızdan biri gönüllü olarak sarayıma gelmeli"
"et elle doit souffrir pour toi"
"ve o senin için acı çekmeli"
« Donne-moi ta parole »
"Sözünüzü bana verin"
"et ensuite tu pourras vaquer à tes occupations"
"ve sonra işinize devam edebilirsiniz"

« Promets-moi ceci : »
"Bana şunu vaat et:"
"Si votre fille refuse de mourir pour vous, vous devez revenir dans les trois mois"
"Kızınız sizin için ölmeyi reddederse, üç ay içinde geri dönmelisiniz"
le marchand n'avait aucune intention de sacrifier ses filles
tüccarın kızlarını kurban etme niyeti yoktu
mais, comme on lui en donnait le temps, il voulait revoir ses filles une fois de plus
ama kendisine zaman tanındığı için kızlarını bir kez daha görmek istiyordu
alors il a promis qu'il reviendrait
bu yüzden geri döneceğine söz verdi
et la bête lui dit qu'il pouvait partir quand il le voudrait
ve canavar ona istediği zaman yola çıkabileceğini söyledi
et la bête lui dit encore une chose
ve canavar ona bir şey daha söyledi
« Tu ne partiras pas les mains vides »
"Boş elle ayrılmayacaksın"
« retourne dans la pièce où tu étais allongé »
"yattığın odaya geri dön"
« vous verrez un grand coffre au trésor vide »
"Büyük, boş bir hazine sandığı göreceksin"
« Remplissez le coffre aux trésors avec ce que vous préférez »
"hazine sandığını en çok sevdiğin şeylerle doldur"
"et j'enverrai le coffre au trésor chez toi"
"ve hazine sandığını evine göndereceğim"
et en même temps la bête s'est retirée
ve aynı zamanda canavar geri çekildi
« Eh bien, » se dit le bon homme
"Peki," dedi iyi adam kendi kendine
« Si je dois mourir, je laisserai au moins quelque chose à mes enfants »
"Eğer ölmem gerekirse, en azından çocuklarıma bir şeyler

bırakacağım"
alors il retourna dans la chambre à coucher
böylece yatak odasına geri döndü
et il a trouvé une grande quantité de pièces d'or
ve çok sayıda altın parçası buldu
il a rempli le coffre au trésor que la bête avait mentionné
canavarın bahsettiği hazine sandığını doldurdu
et il sortit son cheval de l'écurie
ve atını ahırdan çıkardı
la joie qu'il ressentait en entrant dans le palais était désormais égale à la douleur qu'il ressentait en le quittant
Saraya girerken hissettiği sevinç, ayrılırken hissettiği üzüntüye eşitti artık.
le cheval a pris un des chemins de la forêt
at ormanın yollarından birini seçti
et quelques heures plus tard, le bon homme était à la maison
ve birkaç saat içinde iyi adam evdeydi
ses enfants sont venus à lui
çocukları ona geldi
mais au lieu de recevoir leurs étreintes avec plaisir, il les regardait
ama onların kucaklaşmalarını zevkle karşılamak yerine, onlara baktı
il brandit la branche qu'il tenait dans ses mains
elindeki dalı havaya kaldırdı
et puis il a fondu en larmes
ve sonra gözyaşlarına boğuldu
« Belle », dit-il, « s'il te plaît, prends ces roses »
"güzellik," dedi, "lütfen bu gülleri al"
"Vous ne pouvez pas savoir à quel point ces roses ont été chères"
"bu güllerin ne kadar pahalı olduğunu bilemezsin"
"Ces roses ont coûté la vie à ton père"
"bu güller babanın hayatına mal oldu"
et puis il raconta sa fatale aventure
ve sonra ölümcül macerasını anlattı

immédiatement les deux sœurs aînées crièrent
hemen iki büyük kız kardeş bağırdı
et ils ont dit beaucoup de choses méchantes à leur belle sœur
ve güzel kız kardeşlerine birçok kötü şey söylediler
mais Belle n'a pas pleuré du tout
ama güzellik hiç ağlamadı
« Regardez l'orgueil de ce petit misérable », dirent-ils.
"Şu küçük alçağın gururuna bak," dediler.
"elle n'a pas demandé de beaux vêtements"
"güzel giysiler istemedi"
"Elle aurait dû faire ce que nous avons fait"
"bizim yaptığımızı o da yapmalıydı"
"elle voulait se distinguer"
"kendini farklılaştırmak istedi"
"alors maintenant elle sera la mort de notre père"
"şimdi o bizim babamızın ölümü olacak"
"et pourtant elle ne verse pas une larme"
"ve yine de gözyaşı dökmüyor"
"Pourquoi devrais-je pleurer ?" répondit Belle
"Neden ağlayayım?" diye cevapladı güzellik
« pleurer serait très inutile »
"ağlamak çok gereksiz olurdu"
« Mon père ne souffrira pas pour moi »
"babam benim için acı çekmeyecek"
"le monstre acceptera une de ses filles"
"canavar kızlarından birini kabul edecek"
« Je m'offrirai à toute sa fureur »
"Kendimi onun bütün öfkesine sunacağım"
« Je suis très heureux, car ma mort sauvera la vie de mon père »
"Çok mutluyum, çünkü benim ölümüm babamın hayatını kurtaracak"
"ma mort sera une preuve de mon amour"
"Ölümüm aşkımın kanıtı olacak"
« Non, ma sœur », dirent ses trois frères
"Hayır, kız kardeşim," dedi üç erkek kardeşi

"cela ne sera pas"
"bu olmayacak"
"nous allons chercher le monstre"
"canavarı bulmaya gideceğiz"
"et soit on le tue..."
"ya da onu öldüreceğiz..."
« ... ou nous périrons dans cette tentative »
"...ya da bu girişimde yok olacağız"
« N'imaginez rien de tel, mes fils », dit le marchand.
"Böyle bir şeyi hayal etmeyin oğullarım," dedi tüccar
"La puissance de la bête est si grande que je n'ai aucun espoir que tu puisses la vaincre"
"Canavarın gücü o kadar büyük ki onu yenebileceğine dair hiçbir umudum yok"
« Je suis charmé par l'offre aimable et généreuse de Belle »
"Güzelliğin nazik ve cömert teklifi beni büyüledi"
"mais je ne peux pas accepter sa générosité"
"ama onun cömertliğini kabul edemem"
« Je suis vieux et je n'ai plus beaucoup de temps à vivre »
"Yaşlıyım ve yaşayacak uzun zamanım yok"
"Je ne peux donc perdre que quelques années"
"bu yüzden sadece birkaç yıl kaybedebilirim"
"un temps que je regrette pour vous, mes chers enfants"
"Sizin için üzüldüğüm bir zaman, sevgili çocuklarım"
« Mais père », dit Belle
"Ama baba," dedi güzellik
"tu n'iras pas au palais sans moi"
"Ben olmadan saraya gidemezsin"
"tu ne peux pas m'empêcher de te suivre"
"beni takip etmekten alıkoyamazsın"
rien ne pourrait convaincre Belle autrement
güzelliği başka türlü ikna edebilecek hiçbir şey yoktu
elle a insisté pour aller au beau palais
o güzel saraya gitmekte ısrar etti
et ses sœurs étaient ravies de son insistance
ve kız kardeşleri onun ısrarından çok memnundu

Le marchand était inquiet à l'idée de perdre sa fille
Tüccar kızını kaybetme düşüncesiyle endişeleniyordu
il était tellement inquiet qu'il avait oublié le coffre rempli d'or
O kadar endişeliydi ki altın dolu sandığı unutmuştu
la nuit, il se retirait pour se reposer et fermait la porte de sa chambre
gece dinlenmek için odasına çekildi ve odasının kapısını kapattı
puis, à sa grande surprise, il trouva le trésor à côté de son lit
sonra, büyük bir şaşkınlıkla, hazineyi yatağının yanında buldu
il était déterminé à ne rien dire à ses enfants
çocuklarına söylememeye kararlıydı
s'ils savaient, ils auraient voulu retourner en ville
eğer bilselerdi, şehre geri dönmek isterlerdi
et il était résolu à ne pas quitter la campagne
ve kırsaldan ayrılmamaya kararlıydı
mais il confia le secret à Belle
ama sırrı güzelliğe emanet etti
elle l'informa que deux messieurs étaient venus
ona iki beyefendinin geldiğini bildirdi
et ils ont fait des propositions à ses sœurs
ve kız kardeşlerine tekliflerde bulundular
elle a supplié son père de consentir à leur mariage
babasından evlenmelerine izin vermesini rica etti
et elle lui a demandé de leur donner une partie de sa fortune
ve ondan servetinin bir kısmını onlara vermesini istedi
elle leur avait déjà pardonné
onları çoktan affetmişti
les méchantes créatures se frottaient les yeux avec des oignons
Kötü yaratıklar gözlerini soğanla ovuşturdular
pour forcer quelques larmes quand ils se sont séparés de leur sœur
kız kardeşlerinden ayrılırken biraz gözyaşı dökmek için
mais ses frères étaient vraiment inquiets

ama kardeşleri gerçekten endişeliydi
Belle était la seule à ne pas verser de larmes
tek gözyaşı dökmeyen güzellikti
elle ne voulait pas augmenter leur malaise
onların huzursuzluğunu artırmak istemedi
le cheval a pris la route directe vers le palais
at saraya giden direkt yolu seçti
et vers le soir ils virent le palais illuminé
ve akşama doğru aydınlatılmış sarayı gördüler
le cheval est rentré à l'écurie
at tekrar ahıra girdi
et le bon homme et sa fille entrèrent dans la grande salle
ve iyi adam ve kızı büyük salona girdiler
ici ils ont trouvé une table magnifiquement dressée
Burada muhteşem bir şekilde servis edilmiş bir masa buldular
le marchand n'avait pas d'appétit pour manger
Tüccarın yemek yeme iştahı yoktu
mais Belle s'efforçait de paraître joyeuse
ama güzellik neşeli görünmeye çalıştı
elle s'est assise à table et a aidé son père
masaya oturdu ve babasına yardım etti
mais elle pensait aussi :
ama aynı zamanda kendi kendine şöyle de düşündü:
"**La bête veut sûrement m'engraisser avant de me manger**"
"Canavar beni yemeden önce kesinlikle beni şişmanlatmak istiyor"
"**c'est pourquoi il offre autant de divertissement**"
"bu yüzden bu kadar bol eğlence sunuyor"
après avoir mangé, ils entendirent un grand bruit
Yemek yedikten sonra büyük bir gürültü duydular
et le marchand fit ses adieux à son malheureux enfant, les larmes aux yeux
ve tüccar talihsiz çocuğuna gözlerinde yaşlarla veda etti
parce qu'il savait que la bête allait venir
çünkü canavarın geleceğini biliyordu
Belle était terrifiée par sa forme horrible

güzellik onun korkunç biçiminden dehşete kapılmıştı
mais elle a pris courage du mieux qu'elle a pu
ama elinden geldiğince cesaretini topladı
et le monstre lui a demandé si elle était venue volontairement
ve canavar ona gönüllü olarak gelip gelmediğini sordu
"Oui, je suis venue volontiers", dit-elle en tremblant
"Evet, isteyerek geldim," dedi titreyerek
la bête répondit : « Tu es très bon »
canavar cevap verdi, "Sen çok iyisin"
"et je vous suis très reconnaissant, honnête homme"
"ve sana çok minnettarım; dürüst adam"
« Allez-y demain matin »
"yarın sabah yollarınıza gidin"
"mais ne pense plus jamais à revenir ici"
"ama bir daha buraya gelmeyi asla düşünme"
« Adieu Belle, adieu bête », répondit-il
"Elveda güzellik, elveda canavar" diye cevapladı
et immédiatement le monstre s'est retiré
ve canavar hemen geri çekildi
« Oh, ma fille », dit le marchand
"Ah kızım," dedi tüccar
et il embrassa sa fille une fois de plus
ve kızını bir kez daha kucakladı
« Je suis presque mort de peur »
"Neredeyse ölümden korkuyorum"
"crois-moi, tu ferais mieux de rentrer"
"İnanın bana, geri dönmeniz daha iyi olur"
"Laisse-moi rester ici, à ta place"
"Ben burada kalayım, senin yerine"
« Non, père », dit Belle d'un ton résolu.
"Hayır, baba," dedi güzellik kararlı bir tonda
"tu partiras demain matin"
"yarın sabah yola çıkacaksın"
« Laissez-moi aux soins et à la protection de la Providence »
"Beni ilahi takdirin bakımına ve korumasına bırak"

néanmoins ils sont allés se coucher
yine de yatağa gittiler
ils pensaient qu'ils ne fermeraient pas les yeux de la nuit
bütün gece gözlerini kapatmayacaklarını sandılar
mais juste au moment où ils se couchaient, ils s'endormirent
ama tam yattıkları anda uyudular
La belle rêva qu'une belle dame venait et lui disait :
Güzel rüya gören güzel bir kadın yanına geldi ve şöyle dedi:
« Je suis content, Belle, de ta bonne volonté »
"Ben senin iyi niyetinle mutluyum, güzellik"
« Cette bonne action de votre part ne restera pas sans récompense »
"Bu iyi eylemin karşılıksız kalmayacak"
Belle s'est réveillée et a raconté son rêve à son père
güzel uyandı ve babasına rüyasını anlattı
le rêve l'a aidé à se réconforter un peu
rüya onu biraz rahatlatmaya yardımcı oldu
mais il ne pouvait s'empêcher de pleurer amèrement en partant
ama ayrılırken acı bir şekilde ağlamaktan kendini alamadı
Dès qu'il fut parti, Belle s'assit dans la grande salle et pleura aussi
O gittikten hemen sonra, güzellik büyük salona oturdu ve o da ağladı
mais elle résolut de ne pas s'inquiéter
ama huzursuz olmamaya karar verdi
elle a décidé d'être forte pour le peu de temps qui lui restait à vivre
Yaşamak için kalan az zamanı boyunca güçlü olmaya karar verdi
parce qu'elle croyait fermement que la bête la mangerait
çünkü canavarın onu yiyeceğine kesinlikle inanıyordu
Cependant, elle pensait qu'elle pourrait aussi bien explorer le palais
ancak sarayı keşfetmenin iyi olacağını düşündü
et elle voulait voir le beau château

ve o güzel şatoyu görmek istiyordu
un château qu'elle ne pouvait s'empêcher d'admirer
hayran olmaktan kendini alamadığı bir şato
c'était un palais délicieusement agréable
çok hoş ve keyifli bir saraydı
et elle fut extrêmement surprise de voir une porte
ve bir kapı görünce çok şaşırdı
et sur la porte il était écrit que c'était sa chambre
ve kapının üzerinde onun odası olduğu yazıyordu
elle a ouvert la porte à la hâte
aceleyle kapıyı açtı
et elle était tout à fait éblouie par la magnificence de la pièce
ve odanın ihtişamı karşısında adeta büyülenmişti
ce qui a principalement retenu son attention était une grande bibliothèque
dikkatini çeken şey büyük bir kütüphaneydi
un clavecin et plusieurs livres de musique
bir klavsen ve birkaç müzik kitabı
« Eh bien, » se dit-elle
"Peki," dedi kendi kendine
« Je vois que la bête ne laissera pas mon temps peser sur moi »
"Canavarın zamanımın ağırlaşmasına izin vermeyeceğini görüyorum"
puis elle réfléchit à sa situation
sonra kendi durumunu düşündü
« Si je devais rester un jour, tout cela ne serait pas là »
"Eğer bir gün kalmam gerekseydi bunların hiçbiri burada olmazdı"
cette considération lui inspira un courage nouveau
bu düşünce ona taze bir cesaret verdi
et elle a pris un livre de sa nouvelle bibliothèque
ve yeni kütüphanesinden bir kitap aldı
et elle lut ces mots en lettres d'or :
ve şu sözleri altın harflerle okudu:
« Accueillez Belle, bannissez la peur »

"Güzelliği hoş karşıla, korkuyu kov"
« Vous êtes reine et maîtresse ici »
"Sen buranın kraliçesi ve hanımısın"
« Exprimez vos souhaits, exprimez votre volonté »
"İsteklerinizi söyleyin, iradenizi söyleyin"
« L'obéissance rapide répond ici à vos souhaits »
"Burada hızlı itaat isteklerinizi karşılar"
« Hélas, dit-elle avec un soupir
"Ah," dedi iç çekerek
« Ce que je souhaite par-dessus tout, c'est revoir mon pauvre père. »
"En çok zavallı babamı görmek istiyorum"
"et j'aimerais savoir ce qu'il fait"
"ve ne yaptığını bilmek isterim"
Dès qu'elle eut dit cela, elle remarqua le miroir
Bunu söyler söylemez aynayı fark etti
à sa grande surprise, elle vit sa propre maison dans le miroir
büyük bir şaşkınlıkla aynada kendi evini gördü
son père est arrivé émotionnellement épuisé
babası duygusal olarak bitkin bir halde geldi
ses sœurs sont allées à sa rencontre
kız kardeşleri onunla buluşmaya gittiler
malgré leurs tentatives de paraître tristes, leur joie était visible
üzgün görünmeye çalışmalarına rağmen sevinçleri gözle görülür şekildeydi
un instant plus tard, tout a disparu
bir an sonra her şey kayboldu
et les appréhensions de Belle ont également disparu
ve güzelliğin endişeleri de ortadan kayboldu
car elle savait qu'elle pouvait faire confiance à la bête
çünkü canavara güvenebileceğini biliyordu
À midi, elle trouva le dîner prêt
Öğle vakti akşam yemeğini hazır buldu
elle s'est assise à la table
o masaya oturdu

et elle a été divertie avec un concert de musique
ve bir müzik konseriyle eğlendirildi
même si elle ne pouvait voir personne
kimseyi görememesine rağmen
le soir, elle s'est à nouveau assise pour dîner
gece tekrar akşam yemeğine oturdu
cette fois elle entendit le bruit que faisait la bête
bu sefer canavarın çıkardığı sesi duydu
et elle ne pouvait s'empêcher d'être terrifiée
ve dehşete kapılmadan edemedi
"Belle", dit le monstre
"güzellik" dedi canavar
"est-ce que tu me permets de manger avec toi ?"
"Benimle birlikte yemek yememe izin verir misin?"
« Fais comme tu veux », répondit Belle en tremblant
"İstediğini yap," diye cevapladı güzellik titreyerek
"Non", répondit la bête
"Hayır," diye cevapladı canavar
"tu es seule la maîtresse ici"
"burada tek hanım sensin"
"tu peux me renvoyer si je suis gênant"
"Eğer sorun çıkarırsam beni gönderebilirsin"
« renvoyez-moi et je me retirerai immédiatement »
"beni gönderin, hemen geri çekileyim"
« Mais dis-moi, ne me trouves-tu pas très laide ? »
"Ama söyle bana; sence ben çok çirkin değil miyim?"
"C'est vrai", dit Belle
"Bu doğru" dedi güzellik
« Je ne peux pas mentir »
"Yalan söyleyemem"
"mais je crois que tu es de très bonne nature"
"ama senin çok iyi huylu olduğuna inanıyorum"
« Je le suis en effet », dit le monstre
"Evet öyleyim" dedi canavar
« Mais à part ma laideur, je n'ai pas non plus de bon sens »
"Ama çirkinliğimin yanı sıra, aklım da yok"

« Je sais très bien que je suis une créature stupide »
"Ben aptal bir yaratık olduğumu çok iyi biliyorum"
« Ce n'est pas un signe de folie de penser ainsi », répondit Belle.
"Böyle düşünmek aptallık belirtisi değil," diye cevapladı güzellik
« Mange donc, belle », dit le monstre
"Öyleyse ye, güzellik," dedi canavar
« essaie de t'amuser dans ton palais »
"Sarayında eğlenmeye çalış"
"tout ici est à toi"
"buradaki her şey senin"
"et je serais très mal à l'aise si tu n'étais pas heureux"
"ve eğer sen mutlu olmasaydın ben çok rahatsız olurdum"
« Vous êtes très obligeant », répondit Belle
"Çok naziksiniz," diye cevapladı güzellik
« J'avoue que je suis heureux de votre gentillesse »
"İtiraf ediyorum ki nezaketinizden memnun kaldım"
« et quand je considère votre gentillesse, je remarque à peine vos difformités »
"ve nezaketinizi düşündüğümde, çirkinliklerinizi neredeyse fark etmiyorum"
« Oui, oui, dit la bête, mon cœur est bon.
"Evet, evet," dedi canavar, "kalbim iyi
"mais même si je suis bon, je suis toujours un monstre"
"ama iyi olsam da hala bir canavarım"
« Il y a beaucoup d'hommes qui méritent ce nom plus que toi »
"Senden daha çok bu ismi hak eden birçok adam var"
"et je te préfère tel que tu es"
"ve ben seni olduğun gibi tercih ediyorum"
"et je te préfère à ceux qui cachent un cœur ingrat"
"Ve ben seni nankör bir kalbi gizleyenlerden daha çok tercih ederim"
"Si seulement j'avais un peu de bon sens", répondit la bête
"Keşke biraz aklım olsaydı," diye cevapladı canavar

"Si j'avais du bon sens, je vous ferais un beau compliment pour vous remercier"
"Aklım olsaydı sana teşekkür etmek için güzel bir iltifat yapardım"
"mais je suis si ennuyeux"
"ama ben çok sıkıcıyım"
« Je peux seulement dire que je vous suis très reconnaissant »
"Sadece size çok minnettar olduğumu söyleyebilirim"
Belle a mangé un copieux souper
güzellik doyurucu bir akşam yemeği yedi
et elle avait presque vaincu sa peur du monstre
ve canavar korkusunu neredeyse yenmişti
mais elle a voulu s'évanouir lorsque la bête lui a posé la question suivante
ama canavar ona bir sonraki soruyu sorduğunda bayılmak istedi
"Belle, veux-tu être ma femme ?"
"güzelim, karım olur musun?"
elle a mis du temps avant de pouvoir répondre
cevap verebilmesi için biraz zaman geçmesi gerekti
parce qu'elle avait peur de le mettre en colère
çünkü onu kızdırmaktan korkuyordu
Mais finalement elle dit "non, bête"
en sonunda, "hayır, canavar" dedi
immédiatement le pauvre monstre siffla très effroyablement
zavallı canavar hemen çok korkunç bir şekilde tısladı
et tout le palais résonna
ve tüm saray yankılandı
mais Belle se remit bientôt de sa frayeur
ama güzellik kısa sürede korkusundan kurtuldu
parce que la bête parla encore d'une voix lugubre
çünkü canavar yine hüzünlü bir sesle konuştu
"Alors adieu, Belle"
"o zaman elveda güzellik"
et il ne se retournait que de temps en temps

ve o sadece arada sırada geri döndü
de la regarder alors qu'il sortait
dışarı çıkarken ona bakmak
maintenant Belle était à nouveau seule
şimdi güzellik yine yalnızdı
elle ressentait beaucoup de compassion
çok büyük bir şefkat hissetti
"Hélas, c'est mille fois dommage"
"Ah, bin yazık"
"tout ce qui est si bon ne devrait pas être si laid"
"Bu kadar iyi huylu bir şey bu kadar çirkin olmamalı"
Belle a passé trois mois très heureuse dans le palais
güzel sarayda üç ay çok mutlu bir şekilde geçirdi
chaque soir la bête lui rendait visite
her akşam canavar onu ziyarete geliyordu
et ils ont parlé pendant le dîner
ve akşam yemeğinde konuştular
ils ont parlé avec bon sens
sağduyuyla konuştular
mais ils ne parlaient pas avec ce que les gens appellent de l'esprit
ama insanların nüktedanlık dediği şeyle konuşmadılar
Belle a toujours découvert un caractère précieux dans la bête
güzellik her zaman canavarda değerli bir karakter keşfetti
et elle s'était habituée à sa difformité
ve onun deformitesine alışmıştı
elle ne redoutait plus le moment de sa visite
artık onun ziyaretinin zamanından korkmuyordu
maintenant elle regardait souvent sa montre
artık sık sık saatine bakıyordu
et elle ne pouvait pas attendre qu'il soit neuf heures
ve saatin dokuz olmasını sabırsızlıkla bekliyordu
car la bête ne manquait jamais de venir à cette heure-là
çünkü canavar o saatte gelmeyi asla ihmal etmezdi
il n'y avait qu'une seule chose qui concernait Belle
güzellikle ilgili tek bir şey vardı

chaque soir avant d'aller au lit, la bête lui posait la même question
her gece yatmadan önce canavar ona aynı soruyu soruyordu
le monstre lui a demandé si elle voulait être sa femme
canavar ona karısı olup olmayacağını sordu
un jour elle lui dit : "bête, tu me mets très mal à l'aise"
bir gün ona "canavar, beni çok huzursuz ediyorsun" dedi
« J'aimerais pouvoir consentir à t'épouser »
"Keşke seninle evlenmeyi kabul edebilseydim"
"mais je suis trop sincère pour te faire croire que je t'épouserais"
"ama seni evleneceğime inandıracak kadar samimi değilim"
"Notre mariage n'aura jamais lieu"
"evliliğimiz asla gerçekleşmeyecek"
« Je te verrai toujours comme un ami »
"Seni her zaman bir arkadaş olarak göreceğim"
"S'il vous plaît, essayez d'être satisfait de cela"
"lütfen bununla yetinmeye çalışın"
« Je dois me contenter de cela », dit la bête
"Bundan memnun olmalıyım" dedi canavar
« Je connais mon propre malheur »
"Kendi talihsizliğimi biliyorum"
"mais je t'aime avec la plus tendre affection"
şefkatli sevgiyle seviyorum "
« Cependant, je devrais me considérer comme heureux »
"Ancak kendimi mutlu saymalıyım"
"et je serais heureux que tu restes ici"
"ve burada kalacağın için mutlu olmalıyım"
"promets-moi de ne jamais me quitter"
"beni asla terk etmeyeceğine söz ver"
Belle rougit à ces mots
güzellik bu sözlere kızardı
Un jour, Belle se regardait dans son miroir
bir gün güzel aynaya bakıyordu
son père s'était inquiété à mort pour elle
babası onun için çok endişelenmişti

elle avait plus que jamais envie de le revoir
onu her zamankinden daha çok tekrar görmeyi özlemişti
« **Je pourrais te promettre de ne jamais te quitter complètement** »
"Seni asla tamamen terk etmeyeceğime söz verebilirim"
"**mais j'ai tellement envie de voir mon père**"
"ama babamı görmeyi çok istiyorum"
« **Je serais terriblement contrarié si tu disais non** »
"Hayır dersen inanılmaz derecede üzülürüm"
« **Je préfère mourir moi-même** », **dit le monstre**
"Ben kendim ölmeyi tercih ederim" dedi canavar
« **Je préférerais mourir plutôt que de te mettre mal à l'aise** »
"Seni huzursuz etmektense ölmeyi tercih ederim"
« **Je t'enverrai vers ton père** »
"Seni babana göndereceğim"
"**tu resteras avec lui**"
"Onunla kalacaksın"
"**et cette malheureuse bête mourra de chagrin à la place**"
"ve bu talihsiz canavar bunun yerine kederle ölecek"
« **Non** », **dit Belle en pleurant**
"Hayır," dedi güzellik ağlayarak
"**Je t'aime trop pour être la cause de ta mort**"
"Seni ölümüne sebep olacak kadar çok seviyorum"
"**Je te promets de revenir dans une semaine**"
"Sana bir hafta içinde döneceğime dair söz veriyorum"
« **Tu m'as montré que mes sœurs sont mariées** »
"Bana kızkardeşlerimin evli olduğunu gösterdin"
« **et mes frères sont partis à l'armée** »
"ve kardeşlerim orduya gittiler"
« **laisse-moi rester une semaine avec mon père, car il est seul** »
"Babam yalnız olduğu için bir hafta onunla kalmama izin ver"
« **Tu seras là demain matin** », **dit la bête**
"Yarın sabah orada olacaksın" dedi canavar
"**mais souviens-toi de ta promesse**"
"ama sözünü hatırla"

« Il vous suffit de poser votre bague sur une table avant d'aller vous coucher »
"Yatmadan önce yüzüğünüzü masanın üzerine koymanız yeterli"
"et alors tu seras ramené avant le matin"
"ve sonra sabah olmadan geri getirileceksiniz"
« Adieu chère Belle », soupira la bête
"Elveda sevgili güzellik," diye iç çekti canavar
Belle s'est couchée très triste cette nuit-là
güzellik o gece çok üzgün bir şekilde yatağa girdi
parce qu'elle ne voulait pas voir la bête si inquiète
çünkü canavarın bu kadar endişeli olmasını istemiyordu
le lendemain matin, elle se retrouva chez son père
Ertesi sabah kendini babasının evinde buldu
elle a sonné une petite cloche à côté de son lit
yatağının yanındaki küçük zili çaldı
et la servante poussa un grand cri
ve hizmetçi yüksek sesle çığlık attı
et son père a couru à l'étage
ve babası yukarı koştu
il pensait qu'il allait mourir de joie
sevinçten öleceğini sanıyordu
il l'a tenue dans ses bras pendant un quart d'heure
onu çeyrek saat boyunca kollarında tuttu
Finalement, les premières salutations étaient terminées
sonunda ilk selamlaşmalar bitti
Belle a commencé à penser à sortir du lit
güzellik yataktan çıkmayı düşünmeye başladı
mais elle s'est rendu compte qu'elle n'avait apporté aucun vêtement
ama yanına hiç kıyafet almadığını fark etti
mais la servante lui a dit qu'elle avait trouvé une boîte
ama hizmetçi ona bir kutu bulduğunu söyledi
le grand coffre était plein de robes et de robes
büyük sandık elbiseler ve elbiselerle doluydu
chaque robe était couverte d'or et de diamants

her elbise altın ve elmaslarla kaplıydı
La Belle a remercié la Bête pour ses bons soins
güzel, canavara nazik bakımı için teşekkür etti
et elle a pris l'une des robes les plus simples
ve en sade elbiselerden birini aldı
elle avait l'intention de donner les autres robes à ses sœurs
diğer elbiseleri kız kardeşlerine vermeyi düşünüyordu
mais à cette pensée le coffre de vêtements disparut
ama bu düşünceyle giysi sandığı kayboldu
la bête avait insisté sur le fait que les vêtements étaient pour elle seulement
canavar kıyafetlerin sadece kendisi için olduğunu iddia etmişti
son père lui a dit que c'était le cas
babası ona durumun böyle olduğunu söyledi
et aussitôt le coffre de vêtements est revenu
ve hemen giysi sandığı geri geldi
Belle s'est habillée avec ses nouveaux vêtements
güzel yeni elbiselerini giydi
et pendant ce temps les servantes allèrent chercher ses sœurs
ve bu arada hizmetçiler kız kardeşlerini bulmaya gittiler
ses deux sœurs étaient avec leurs maris
her iki kız kardeşi de kocalarıyla birlikteydi
mais ses deux sœurs étaient très malheureuses
ama her iki kız kardeşi de çok mutsuzdu
sa sœur aînée avait épousé un très beau gentleman
en büyük kız kardeşi çok yakışıklı bir beyefendiyle evlenmişti
mais il était tellement amoureux de lui-même qu'il négligeait sa femme
ama o kadar kendine düşkündü ki karısını ihmal ediyordu
sa deuxième sœur avait épousé un homme spirituel
ikinci kız kardeşi nüktedan bir adamla evlenmişti
mais il a utilisé son esprit pour tourmenter les gens
ama o, zekâsını insanlara eziyet etmek için kullandı
et il tourmentait surtout sa femme
ve karısına en çok eziyet eden oydu

Les sœurs de Belle l'ont vue habillée comme une princesse
Güzelin kız kardeşleri onu bir prenses gibi giyinmiş halde gördüler
et ils furent écœurés d'envie
ve kıskançlıktan hasta oldular
maintenant elle était plus belle que jamais
şimdi her zamankinden daha güzeldi
son comportement affectueux n'a pas pu étouffer leur jalousie
onun şefkatli davranışları onların kıskançlığını bastıramadı
elle leur a dit combien elle était heureuse avec la bête
onlara canavarla ne kadar mutlu olduğunu anlattı
et leur jalousie était prête à éclater
ve kıskançlıkları patlamaya hazırdı
Ils descendirent dans le jardin pour pleurer leur malheur
Başlarına gelen felaketi ağlamak için bahçeye indiler
« En quoi cette petite créature est-elle meilleure que nous ? »
"Bu küçük yaratık hangi bakımdan bizden daha iyi?"
« Pourquoi devrait-elle être tellement plus heureuse ? »
"Neden bu kadar mutlu olsun ki?"
« Sœur », dit la sœur aînée
"Kızkardeşim" dedi abla
"une pensée vient de me traverser l'esprit"
"aklıma bir düşünce geldi"
« Essayons de la garder ici plus d'une semaine »
"Onu bir haftadan fazla burada tutmaya çalışalım"
"Peut-être que cela fera enrager ce monstre idiot"
"belki bu aptal canavarı çileden çıkarır"
« parce qu'elle aurait manqué à sa parole »
"çünkü sözünü bozmuş olurdu"
"et alors il pourrait la dévorer"
"ve sonra onu yiyebilir"
"C'est une excellente idée", répondit l'autre sœur
"Bu harika bir fikir," diye cevapladı diğer kız kardeş
« Nous devons lui montrer autant de gentillesse que possible »

"Ona mümkün olduğunca çok nezaket göstermeliyiz"
les sœurs en ont fait leur résolution
kız kardeşler bunu kararlaştırdılar
et ils se sont comportés très affectueusement envers leur sœur
ve kız kardeşlerine karşı çok şefkatli davrandılar
pauvre Belle pleurait de joie à cause de toute leur gentillesse
zavallı güzellik onların tüm nezaketinden dolayı sevinçten ağladı
quand la semaine fut expirée, ils pleurèrent et s'arrachèrent les cheveux
hafta dolduğunda ağladılar ve saçlarını yoldular
ils semblaient si désolés de se séparer d'elle
ondan ayrılmak onları çok üzmüş gibi görünüyordu
et Belle a promis de rester une semaine de plus
ve güzellik bir hafta daha kalmaya söz verdi
Pendant ce temps, Belle ne pouvait s'empêcher de réfléchir sur elle-même
Bu arada güzellik kendini düşünmekten kendini alamadı
elle s'inquiétait de ce qu'elle faisait à la pauvre bête
zavallı hayvana ne yaptığı konusunda endişeliydi
elle sait qu'elle l'aimait sincèrement
onu içtenlikle sevdiğini biliyordu
et elle avait vraiment envie de le revoir
ve onu tekrar görmeyi gerçekten çok istiyordu
la dixième nuit qu'elle a passée chez son père aussi
babasının yanında geçirdiği onuncu gece de
elle a rêvé qu'elle était dans le jardin du palais
saray bahçesinde olduğunu hayal etti
et elle rêva qu'elle voyait la bête étendue sur l'herbe
ve canavarın çimenlerin üzerinde uzandığını gördüğünü hayal etti
il semblait lui faire des reproches d'une voix mourante
ölmek üzere olan bir sesle ona sitem ediyor gibiydi
et il l'accusa d'ingratitude
ve onu nankörlükle suçladı

Belle s'est réveillée de son sommeil
güzellik uykudan uyandı
et elle a fondu en larmes
ve gözyaşlarına boğuldu
« Ne suis-je pas très méchant ? »
"Ben çok kötü değil miyim?"
« N'était-ce pas cruel de ma part d'agir si méchamment envers la bête ? »
"Canavara karşı bu kadar acımasız davranmam zalimlik değil miydi?"
"la bête a tout fait pour me faire plaisir"
"canavar beni memnun etmek için her şeyi yaptı"
« Est-ce sa faute s'il est si laid ? »
"Bu kadar çirkin olması onun suçu mu?"
« Est-ce sa faute s'il a si peu d'esprit ? »
"Bu kadar az zekaya sahip olması onun suçu mu?"
« Il est gentil et bon, et cela suffit »
"O nazik ve iyidir ve bu yeterlidir"
« Pourquoi ai-je refusé de l'épouser ? »
"Onunla evlenmeyi neden reddettim?"
« Je devrais être heureux avec le monstre »
"Canavardan memnun olmalıyım"
« regarde les maris de mes sœurs »
"kız kardeşlerimin kocalarına bakın"
« Ni l'esprit, ni la beauté ne les rendent bons »
"ne nüktedanlık, ne de yakışıklılık onları iyi yapmaz"
« aucun de leurs maris ne les rend heureuses »
"kocalarından hiçbiri onları mutlu etmiyor"
« mais la vertu, la douceur de caractère et la patience »
"ama erdem, tatlı huyluluk ve sabır"
"ces choses rendent une femme heureuse"
"Bu şeyler bir kadını mutlu eder"
"et la bête a toutes ces qualités précieuses"
"ve canavarın tüm bu değerli nitelikleri var"
"c'est vrai, je ne ressens pas de tendresse et d'affection pour lui"

"doğrudur; ona karşı şefkat ve sevgi hissetmiyorum"
"mais je trouve que j'éprouve la plus grande gratitude envers lui"
"ama ona karşı en büyük minnettarlığımı hissediyorum"
"et j'ai la plus haute estime pour lui"
"ve ona en yüksek saygıyı duyuyorum"
"et il est mon meilleur ami"
"ve o benim en iyi arkadaşım"
« Je ne le rendrai pas malheureux »
"Onu perişan etmeyeceğim"
« Si j'étais si ingrat, je ne me le pardonnerais jamais »
"Eğer bu kadar nankör olsaydım kendimi asla affetmezdim"
Belle a posé sa bague sur la table
güzellik yüzüğünü masanın üzerine koydu
et elle est retournée au lit
ve tekrar yatağa gitti
à peine était-elle au lit qu'elle s'endormit
yatağa girer girmez uykuya daldı
elle s'est réveillée à nouveau le lendemain matin
Ertesi sabah tekrar uyandı
et elle était ravie de se retrouver dans le palais de la bête
ve kendini canavarın sarayında bulduğunda çok sevindi
elle a mis une de ses plus belles robes pour lui faire plaisir
onu memnun etmek için en güzel elbiselerinden birini giydi
et elle attendait patiemment le soir
ve o sabırla akşamı bekledi
enfin l' heure tant souhaitée est arrivée
sonunda istenilen saat geldi
L'horloge a sonné neuf heures, mais aucune bête n'est apparue
saat dokuzu vurdu, ama hiçbir canavar görünmedi
La belle craignit alors d'avoir été la cause de sa mort
güzellik daha sonra onun ölümüne sebep olanın kendisi olduğundan korktu
elle a couru en pleurant dans tout le palais
sarayın her yerinde ağlayarak koştu

après l'avoir cherché partout, elle se souvint de son rêve
onu her yerde aradıktan sonra rüyasını hatırladı
et elle a couru vers le canal dans le jardin
ve bahçedeki kanala doğru koştu
là elle a trouvé la pauvre bête étendue
orada zavallı hayvanı uzanmış halde buldu
et elle était sûre de l'avoir tué
ve onu öldürdüğünden emindi
elle se jeta sur lui sans aucune crainte
hiç korkmadan onun üzerine atıldı
son cœur battait encore
kalbi hala atıyordu
elle est allée chercher de l'eau au canal
kanaldan biraz su aldı
et elle versa l'eau sur sa tête
ve suyu onun başına döktü
la bête ouvrit les yeux et parla à Belle
canavar gözlerini açtı ve güzellikle konuştu
« Tu as oublié ta promesse »
"Sözünü unuttun"
« J'étais tellement navrée de t'avoir perdu »
"Seni kaybettiğim için çok üzgünüm"
« J'ai décidé de me laisser mourir de faim »
"Kendimi aç bırakmaya karar verdim"
"mais j'ai le bonheur de te revoir une fois de plus"
"ama seni bir kez daha görmenin mutluluğunu yaşıyorum"
"j'ai donc le plaisir de mourir satisfait"
"bu yüzden tatmin olmuş bir şekilde ölmenin zevkini yaşıyorum"
« Non, chère bête », dit Belle, « tu ne dois pas mourir »
"Hayır, sevgili canavar," dedi güzellik, "ölmemelisin"
« Vis pour être mon mari »
"Kocam olmak için yaşa"
"à partir de maintenant je te donne ma main"
"bu andan itibaren sana elimi uzatıyorum"
"et je jure de n'être que le tien"

"ve yemin ederim ki senden başkası olmayacağım"
« Hélas ! Je pensais n'avoir que de l'amitié pour toi »
"Ah! Senin için sadece bir dostluk olduğunu sanıyordum"
« mais la douleur que je ressens maintenant m'en convainc » ;
"ama şimdi hissettiğim keder beni ikna ediyor;"
"Je ne peux pas vivre sans toi"
"Sensiz yaşayamam"
Belle avait à peine prononcé ces mots lorsqu'elle vit une lumière
güzellik nadir bu sözleri bir ışık gördüğünde söylemişti
le palais scintillait de lumière
saray ışıkla parlıyordu
des feux d'artifice ont illuminé le ciel
havai fişekler gökyüzünü aydınlattı
et l'air rempli de musique
ve hava müzikle doldu
tout annonçait un grand événement
her şey büyük bir olayın habercisiydi
mais rien ne pouvait retenir son attention
ama hiçbir şey onun dikkatini çekemedi
elle s'est tournée vers sa chère bête
sevgili canavarına döndü
la bête pour laquelle elle tremblait de peur
korkudan titrediği canavar
mais sa surprise fut grande face à ce qu'elle vit !
ama gördüğü şey karşısında şaşkınlığı büyüktü!
la bête avait disparu
canavar kaybolmuştu
Au lieu de cela, elle a vu le plus beau prince
onun yerine en güzel prensi gördü
elle avait mis fin au sort
büyüyü bozmuştu
un sort sous lequel il ressemblait à une bête
bir canavara benzediği bir büyü
ce prince était digne de toute son attention

bu prens onun tüm ilgisine layıktı
mais elle ne pouvait s'empêcher de demander où était la bête
ama canavarın nerede olduğunu sormaktan kendini alamadı
« Vous le voyez à vos pieds », dit le prince
"Onu ayaklarınızın dibinde görüyorsunuz," dedi prens
« Une méchante fée m'avait condamné »
"Kötü bir peri beni lanetlemişti"
« Je devais rester dans cette forme jusqu'à ce qu'une belle
princesse accepte de m'épouser »
"Güzel bir prenses benimle evlenmeyi kabul edene kadar bu
formda kalacaktım"
"la fée a caché ma compréhension"
"peri anlayışımı sakladı"
« tu étais le seul assez généreux pour être charmé par la
bonté de mon caractère »
"Sen benim iyi huyumdan etkilenecek kadar cömert olan tek
kişiydin"
Belle était agréablement surprise
güzellik mutlu bir şekilde şaşırdı
et elle donna sa main au charmant prince
ve büyüleyici prense elini uzattı
ils sont allés ensemble au château
birlikte kaleye girdiler
et Belle fut ravie de retrouver son père au château
ve güzel, babasını şatoda bulduğunda çok sevindi
et toute sa famille était là aussi
ve tüm ailesi de oradaydı
**même la belle dame qui lui était apparue dans son rêve était
là**
Rüyasında gördüğü güzel kadın bile oradaydı
"Belle", dit la dame du rêve
"güzellik" dedi rüyadaki kadın
« viens et reçois ta récompense »
"gel ve ödülünü al"
« Vous avez préféré la vertu à l'esprit ou à l'apparence »
"Zekaya veya görünüşe göre erdemi tercih ettin"

"et tu mérites quelqu'un chez qui ces qualités sont réunies"
"ve bu niteliklerin birleştiği birini hak ediyorsun"
"tu vas être une grande reine"
"harika bir kraliçe olacaksın"
« J'espère que le trône ne diminuera pas votre vertu »
"Umarım taht faziletinizi eksiltmez"
puis la fée se tourna vers les deux sœurs
sonra peri iki kız kardeşe döndü
« J'ai vu à l'intérieur de vos cœurs »
"Kalplerinizin içini gördüm"
"et je connais toute la méchanceté que contiennent vos cœurs"
"ve kalplerinizin içinde barındırdığı tüm kötülüğü biliyorum"
« Vous deux deviendrez des statues »
"İkiniz de heykel olacaksınız"
"mais vous garderez votre esprit"
"ama siz akıllarınızı koruyacaksınız"
« Tu te tiendras aux portes du palais de ta sœur »
"Kız kardeşinin sarayının kapılarında duracaksın"
"Le bonheur de ta sœur sera ta punition"
"Kardeşinin mutluluğu senin cezan olacak"
« vous ne pourrez pas revenir à vos anciens états »
"eski hallerinize geri dönemeyeceksiniz"
« à moins que vous n'admettiez tous les deux vos fautes »
"eğer ikiniz de hatalarınızı kabul etmezseniz"
"mais je prévois que vous resterez toujours des statues"
"ama sizin her zaman heykel olarak kalacağınızı öngörüyorum"
« L'orgueil, la colère, la gourmandise et l'oisiveté sont parfois vaincus »
"gurur, öfke, oburluk ve tembellik bazen yenilir"
" mais la conversion des esprits envieux et malveillants sont des miracles "
" Fakat kıskanç ve kötü niyetli zihinlerin dönüşümü mucizedir"
immédiatement la fée donna un coup de baguette

peri hemen asasını salladı
et en un instant tous ceux qui étaient dans la salle furent transportés
ve bir anda salondaki herkes taşındı
ils étaient entrés dans les domaines du prince
Prensin egemenliğine girmişlerdi
les sujets du prince l'ont reçu avec joie
Prensin tebaası onu sevinçle karşıladı
le prêtre a épousé Belle et la bête
rahip güzel ve çirkinle evlendi
et il a vécu avec elle de nombreuses années
ve onunla uzun yıllar yaşadı
et leur bonheur était complet
ve mutlulukları tamamlandı
parce que leur bonheur était fondé sur la vertu
çünkü onların mutluluğu erdeme dayanıyordu

La fin
Son

www.ingramcontent.com/pod-product-compliance
Lightning Source LLC
Chambersburg PA
CBHW011556070526
44585CB00023B/2625